škola - okul	2
putovanje - seyahat	5
transport - ulaşım	8
grad - şehir	10
pejsaž - arazi	14
restoran - restoran	17
supermarket - süpermarket	20
napitci - içecekler	22
jelo - yemek	23
seosko gazdinstvo - çiftlik	27
kuća - ev	31
dnevna soba - oturma odası	33
kuhinja - mutfak	35
kupaonica - banyo	38
dečija soba - çocuk odası	42
odeća - kıyafet	44
kancelarija - ofis	49
ekonomija - ekonomi	51
zanimanja - meslekler	53
alati - aletler	56
muzički instrument - müzik enstrümanı	57
zoološki vrt - hayvanat bahçesi	59
sport - sporlar	62
aktivnosti - etkinlikler	63
porodica - aile	67
telo - vücut	68
bolnica - hastane	72
hitni slučaj - acil	76
zemlja - dünya	77
sat - saat	79
sedmica - hafta	80
godina - yıl	81
oblici - şekiller	83
boje - renkler	84
suprotnosti - zıt anlamlılar	85
brojevi - sayılar	88
jezici - diller	90
ko / šta / kako - kim / ne / nasıl	91
gde - nerede	92

Impressum
Verlag: BABADADA GmbH, Nedderfeld 112 , 22529 Hamburg
Geschäftsführer / Verlagsleitung: Harald Hof
Druck: Books on Demand GmbH, In de Tarpen 42, 22848 Norderstedt

Imprint
Publisher: BABADADA GmbH, Nedderfeld 112 , 22529 Hamburg, Germany
Managing Director / Publishing direction: Harald Hof
Print: Books on Demand GmbH, In de Tarpen 42, 22848 Norderstedt

škola
okul

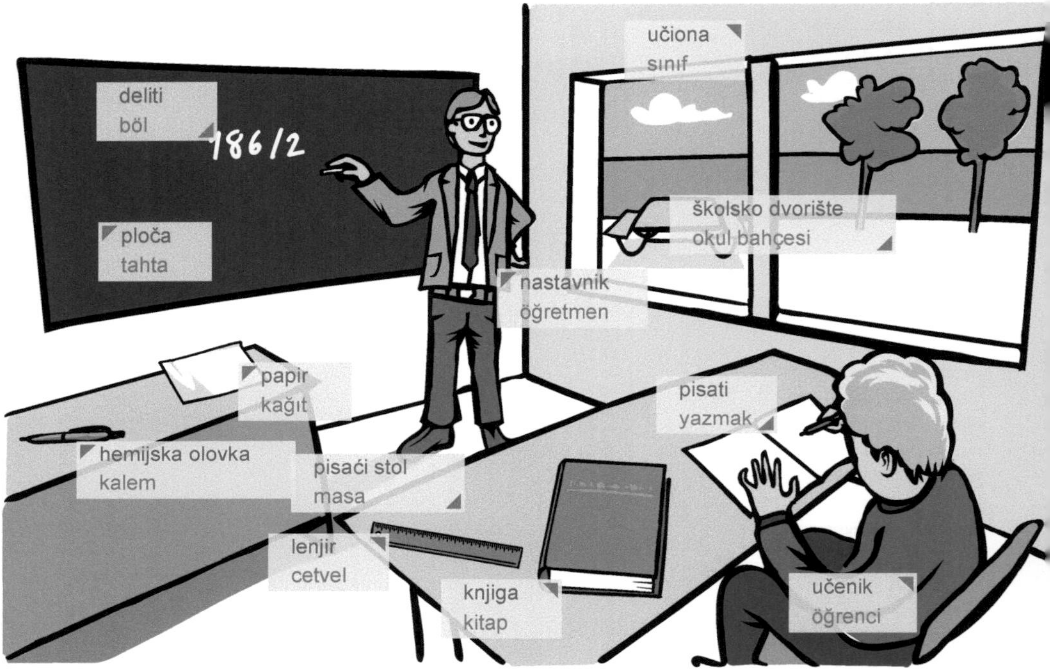

učiona
sınıf
deliti
böl
186/2
ploča
tahta
školsko dvorište
okul bahçesi
nastavnik
öğretmen
papir
kağıt
pisati
yazmak
hemijska olovka
kalem
pisaći stol
masa
lenjir
cetvel
knjiga
kitap
učenik
öğrenci

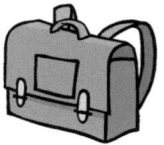

torba

okul çantası

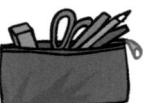

pernica

kalemlik

grafitna olovka

kurşun kalem

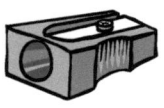

šiljilo za olovke

kalem açacağı

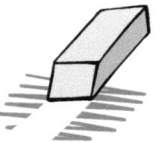

gumica za brisanje

silgi

blok za crtanje

çizim defteri

crtež
çizim

kist
resim fırçası

kutija sa bojama
boya kutusu

makaze
makas

lepilo
tutkal

beležnica
alıştırma kitabı

domaći zadatak
ödev

broj
sayı

sabirati
ekle

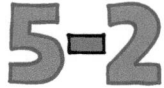

oduzimati
çıkar

množiti
çarp

računati
hesapla

slovo
harf

abeceda
alfabe

reč
kelime

tekst
....
metin

čitati
....
okumak

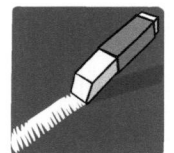

kreda
....
tebeşir

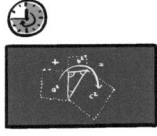

čas
....
ders

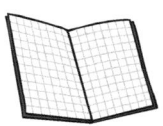

dnevnik
....
kayıt

ispit
....
sınav

svedočanstvo
....
sertifika

školska uniforma
....
okul forması

obrazovanje
....
eğitim

leksikon
....
ansiklopedi

univerzitet
....
üniversite

mikroskop
....
mikroskop

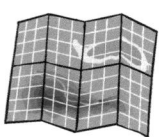

karta
....
harita

košara za papir
....
kağıt çöp kutusu

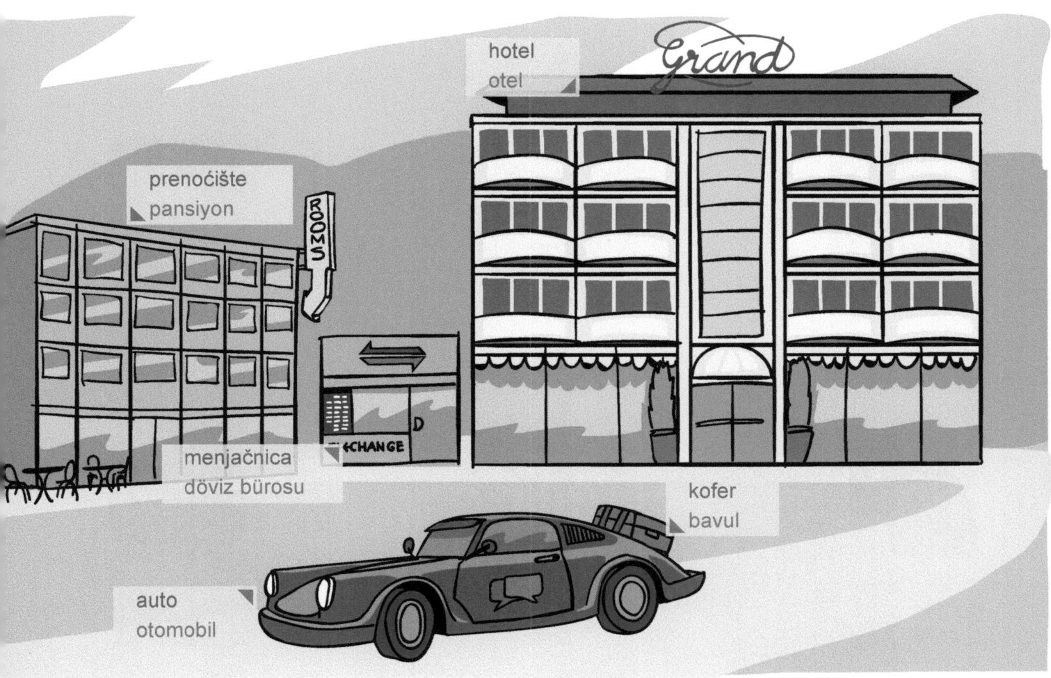

hotel
otel
Grand
prenoćište
pansiyon
ROOMS
EXCHANGE
menjačnica
döviz bürosu
kofer
bavul
auto
otomobil

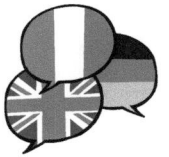

jezik

dil

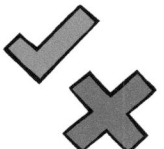

da / ne

evet / hayır

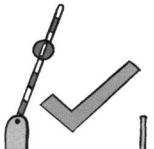

okej

Tamam

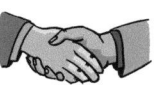

zdravo

merhaba

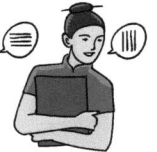

prevodilac

çevirmen

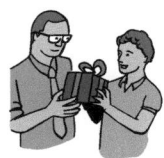

hvala

Teşekkür ederim

Koliko košta...?

bu ... ne kadar?

ne razumem

anlamadım

problem

problem

dobro veče!

İyi akşamlar!

Dobro jutro!

Günaydın!

Laku noć!

İyi geceler!

doviđenja

güle güle

smer

yön

prtljaga

bagaj

torba

çanta

ruksak

sırt çantası

gost

misafir

soba

oda

vreća za spavanje

uyku tulumu

šator

çadır

turističke informacije

turist danışma

plaža

sahil

kreditna kartica

kredi kartı

doručak

kahvaltı

ručak

öğle yemeği

večera

akşam yemeği

karta za vožnju

Bilet

lift

asansör

poštanska markica

pul

granica

sınır

carina

gümrük

ambasada

elçilik

viza

vize

pasoš

pasaport

transport
ulaşım

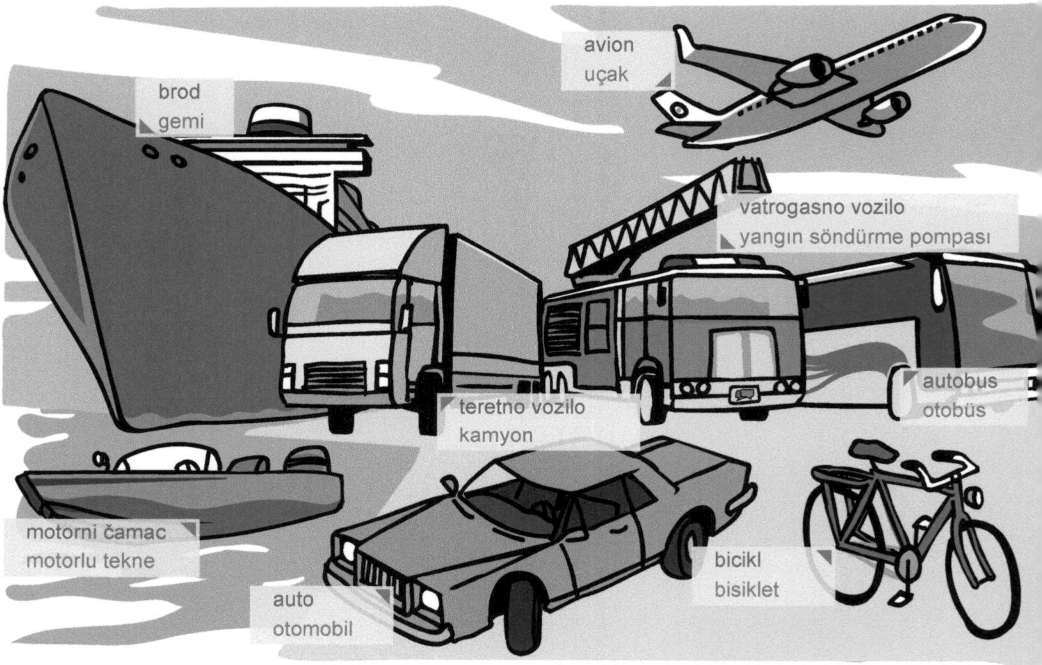

brod
gemi
avion
uçak
vatrogasno vozilo
yangın söndürme pompası
autobus
otobüs
teretno vozilo
kamyon
motorni čamac
motorlu tekne
bicikl
bisiklet
auto
otomobil

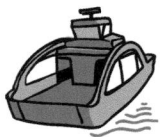

trajekt
feribot

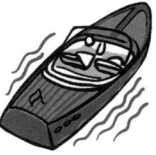

čamac
bot

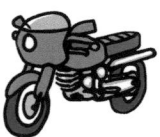

motocikl
motosiklet

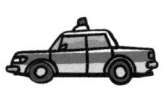

policijski auto
polis arabası

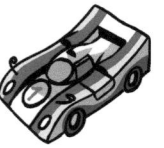

trkaći auto
yarış arabası

iznajmljeno auto
kiralık araba

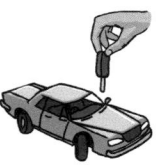

delenje automobila
ortak araba

vučno vozilo
çekici

vozilo za odvoz smeća
çöp kamyonu

motor
motor

benzin
yakıt

benzinska stanica
benzinlik

saobraćajni znak
trafik işareti

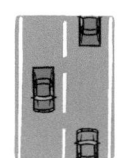

saobraćaj
trafik

zastoj
trafik sıkışıklığı

parkiralište
otopark

železnička stanica
tren istasyonu

šine
ray

voz
tren

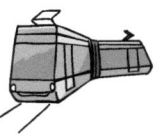

tramvaj
tramvay

vagon
vagon

helikopter

helikopter

aerodrom

havaalanı

kula

kule

putnik

yolcu

kontejner

konteyner

karton

koli

kolica

yük arabası

korpa

sepet

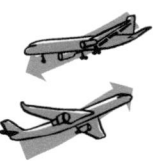

uzleteti / sleteti

kalkış / iniş

grad

şehir

selo

köy

centar grada

şehir merkezi

kuća

ev

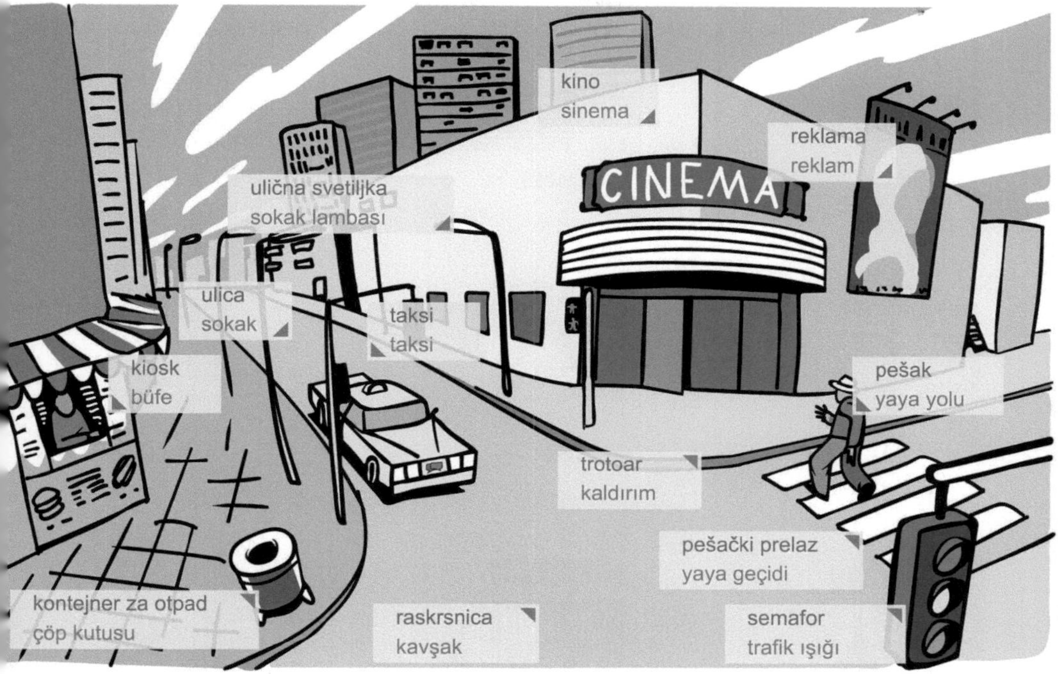

kino
sinema

reklama
reklam

ulična svetiljka
sokak lambası

ulica
sokak

taksi
taksi

CINEMA

pešak
yaya yolu

kiosk
büfe

trotoar
kaldırım

pešački prelaz
yaya geçidi

kontejner za otpad
çöp kutusu

raskrsnica
kavşak

semafor
trafik ışığı

koliba

kulübe

stan

apartman dairesi

železnička stanica

tren istasyonu

većnica

belediye binası

muzej

müze

škola

okul

univerzitet

üniversite

banka

banka

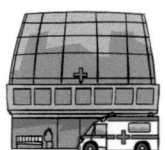

bolnica

hastane

hotel

otel

apoteka

eczane

kancelarija

ofis

knjižara

kitapçı

prodavnica

mağaza

cvećara

çiçekçi

supermarket

süpermarket

trg

market

robna kuća

büyük mağaza

ribarnica

balık satıcısı

trgovački centar

alışveriş merkezi

luka

liman

park

park

klupa

bank

most

köprü

stepenice

merdiven

podzemna železnica

metro

tunel

tünel

autobuska stanica

otobüs durağı

bar

bar

restoran

restoran

poštansko sanduče

posta kutusu

ulični znak

sokak tabelası

parkirni automat

otopark sayacı

zoološki vrt

hayvanat bahçesi

bazen

yüzme havuzu

džamija

cami

grad - şehir

seosko gazdinstvo

çiftlik

zagađenje okoline

kirlilik

groblje

mezarlık

crkva

kilise

igralište

oyun alanı

hram

tapınak

pejsaž
arazi

list
yaprak

putokaz
yön tabelası

put
yol

livada
çayır

kamen
taş

drvo
ağaç

šetač
yürüyüşçü

reka
ırmak

trava
çimen

cvijet
çiçek

dolina
vadi

planina
tepe

jezero
göl

šuma
orman

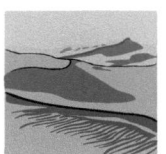

pustinja
çöl

vulkan
volkan

dvorac
kale

duga
gökkuşağı

gljiva
mantar

palma
palmiye

moskito
sivrisinek

muva
sinek

mrav
karınca

pčela
arı

pauk
örümcek

buba

böcek

žaba

kurbağa

veverica

sincap

jež

kirpi

zec

yabani tavşan

sova

baykuş

ptica

kuş

labud

kuğu

divlja svinja

yaban domuzu

jelen

geyik

los

geyik

nasip

baraj

vetrenjača

rüzgar türbini

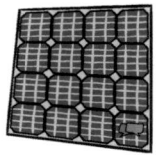

solarna ploča

güneş paneli

klima

iklim

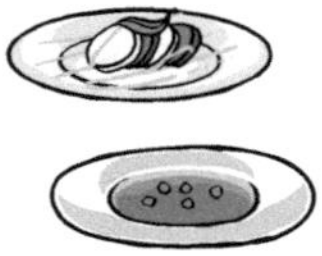

konobar
garson

jelovnik
menü

stolica
sandalye

supa
çorba

pica
pizza

stolnjak
masa örtüsü

pribor za jelo
çatal - bıçak

predjelo

başlangıç

glavno jelo

ana yemek

desert

tatlı

napitci

içecekler

jelo

yemek

flaša

şişe

brza hrana
fastfood

imbis hrana
sokak yemeği

čajnik
çaydanlık

doza za šećer
şekerlik

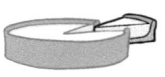

porcija
porsiyon

aparat za espresso
espresso makinesi

visoka stolica
mama sandalyesi

račun
fatura

poslužavnik
tepsi

nož
bıçak

viljuška
çatal

kašika
kaşık

čajna kašika
çay kaşığı

salveta
servis peçetesi

čaša
bardak

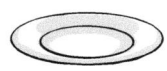

tanjir
tabak

tanjir za supu
çorba kasesi

tanjirić
fincan altlığı

sos
sos

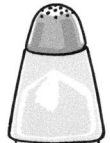

soljenka
tuzluk

mlin za biber
karabiber değirmeni

sirće
sirke

ulje
yağ

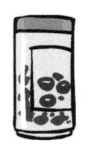

začini
baharat

kečap
ketçap

senf
hardal

majoneza
mayonez

supermarket
süpermarket

ponuda
özel teklif
FOR
kupac
müşteri
mlečni proizvodi
süt ürünleri
voće
meyve
kolica za kupovinu
alışveriş arabası

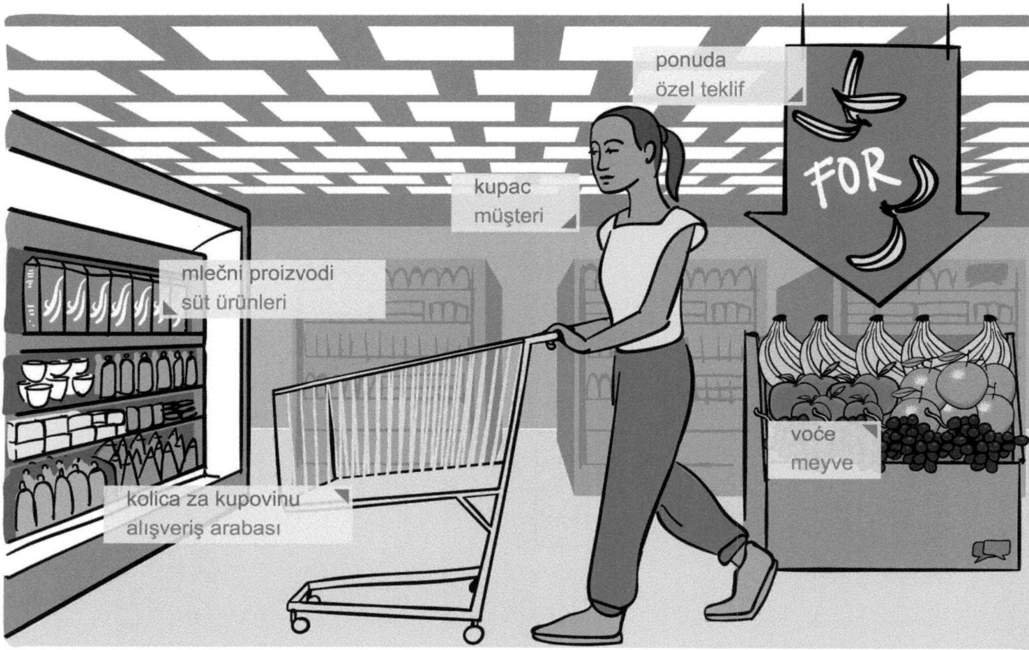

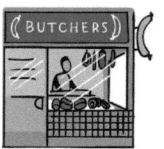

BUTCHERS

mesnica

kasap

BAKERY

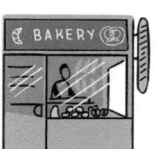

pekara

fırın

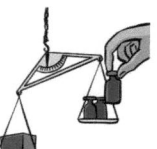

vagati

tartmak

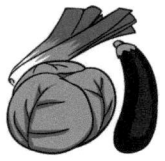

povrće

sebze

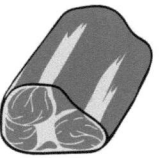

meso

et

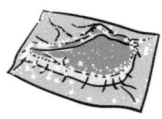

smrznuta hrana

donmuş gıda

narezak
söğüş et

konzerve
konserve yiyecek

sredstvo za pranje
toz deterjan

slatkiši
şekerlemeler

artikli za domaćinstvo
ev temizlik ürünleri

sredstva za čišćenje
temizlik ürünleri

prodavačica
satış görevlisi

blagajna
yazar kasa

blagajnik
kasiyer

lista za kupovinu
alışveriş listesi

vreme rada
açılış saatleri

novčanik
cüzdan

kreditna kartica
kredi kartı

torba
çanta

plastična kesa
plastik poşet

voda
su

sok
meyve suyu

mleko
süt

kola
kola

vino
şarap

pivo
bira

alkohol
alkol

kakao
kakao

čaj
çay

kava
kahve

espresso
espresso

cappuccino
kapuçino

banana

muz

jabuka

elma

narandža

portakal

lubenica

kavun

limun

limon

šargarepa

havuç

beli luk

sarımsak

bambus

bambu

luk

soğan

gljiva

mantar

orašasti plodovi

çerez

rezanci

makarna

špagete

spagetti

riža

pirinç

salata

salata

pomfrit

cips

pečeni krumpir

patates kızartması

pica

pizza

hamburger

hamburger

sendvič

sandviç

šnicla

şinitzel

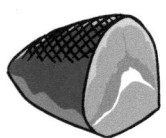

šunka

pastırma

salama

salam

kobasica

sosis

kokoš

tavuk

pečenje

rosto

riba

balık

zobene pahuljice

yulaf ezmesi

musli

müsli

kukuruzne pahuljice

mısır gevreği

brašno

un

kroasan

kruvasan

pecivo

küçük ekmek

hleb

ekmek

toast

tost

keksi

bisküvi

maslac

tereyağı

sveži sir

kaymak

kolač

kek

jaje

yumurta

jaje na oko

sahanda yumurta

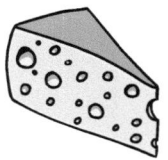

sir

peynir

sladoled

dondurma

šećer

şeker

med

bal

marmelada

reçel

nugat krema

fındık ezmesi

kari

köri

jelo - yemek

seosko gazdinstvo
çiftlik

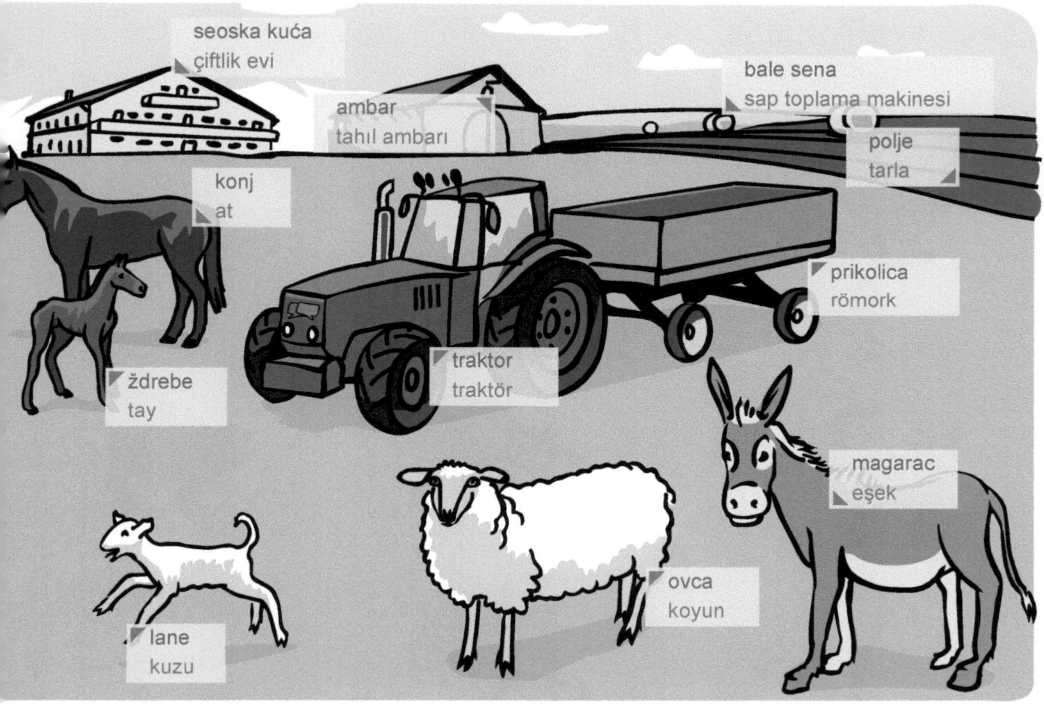
seoska kuća
çiftlik evi
ambar
tahıl ambarı
bale sena
sap toplama makinesi
polje
tarla
konj
at
prikolica
römork
traktor
traktör
ždrebe
tay
magarac
eşek
ovca
koyun
lane
kuzu

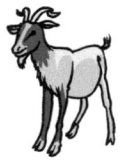

koza

keçi

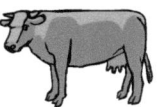

krava

inek

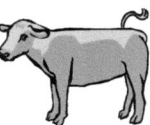

tele

buzağı

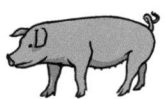

svinja

domuz

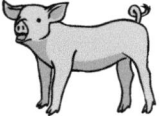

prase

domuz yavrusu

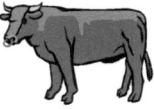

bik

boğa

guska

kaz

patka

ördek

pilići

civciv

kokoš

tavuk

petao

horoz

pacov

sıçan

mačka

kedi

miš

fare

vol

öküz

pas

köpek

kućica za psa

köpek kulübesi

vrtno crevo

bahçe hortumu

kanta za polivanje

sulama kabı

kosa

tırpan

plug

pulluk

srp

orak

motika

çapa

viljuška za đubrivo

dirgen

sekira

balta

tačke

el arabası

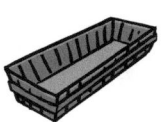

korito

yemlik

posuda za mleko

süt kovası

vreća

çuval

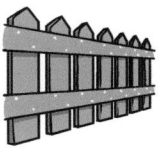

ograda

çit

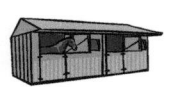

štala

ahır

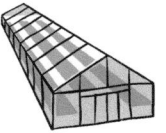

staklenik

sera

zemlja

toprak

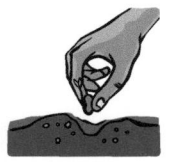

seme

tohum

đubrivo

gübre

kombajn

biçerdöver

žeti

hasat etmek

žetva

harman

jams začin

tatlı patates

pšenica

buğday

soja

soya

krumpir

patates

kukuruz

mısır

uljana repica

kolza

voćka

meyve ağacı

gomolj manioke

manyok

žitarice

hububat

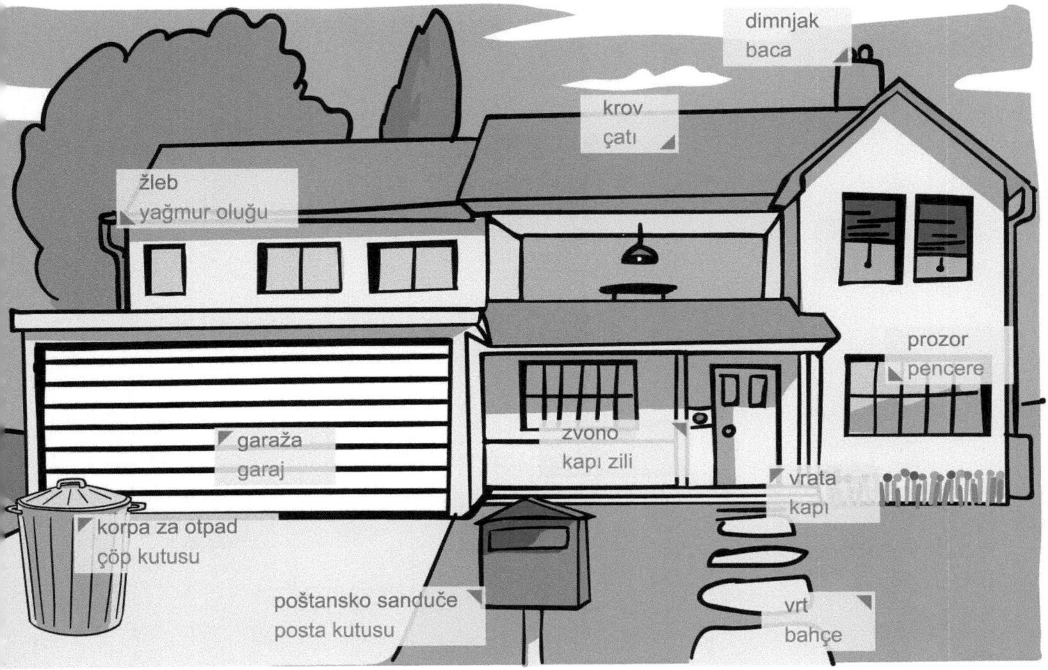

dimnjak
baca

krov
çatı

žleb
yağmur oluğu

prozor
pencere

garaža
garaj

zvono
kapı zili

vrata
kapı

korpa za otpad
çöp kutusu

poštansko sanduče
posta kutusu

vrt
bahçe

dnevna soba

oturma odası

kupaonica

banyo

kuhinja

mutfak

spavaća soba

yatak odası

dečija soba

çocuk odası

trpezarija

yemek odası

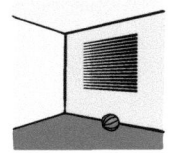

pod

zemin

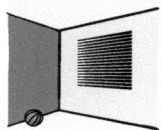

zid

duvar

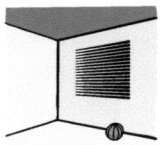

strop

tavan

podrum

kiler

sauna

sauna

balkon

balkon

terasa

teras

bazen

havuz

kosilica za travu

çim biçme makinesi

posteljina za krevet

çarşaf

deka za krevet

yatak örtüsü

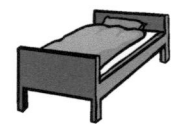

krevet

yatak

metla

süpürge

kanta

kova

prekidač

anahtar

dnevna soba
oturma odası

tapeta
duvar kağıdı
slika
resim
svetiljka
lamba
regal
raf
ormar
dolap
televizija
televizyon
kamin
şömine
cvijet
çiçek
jastuk
minder
kauč
kanepe
vaza
vazo
daljinski upravljač
uzaktan kumanda

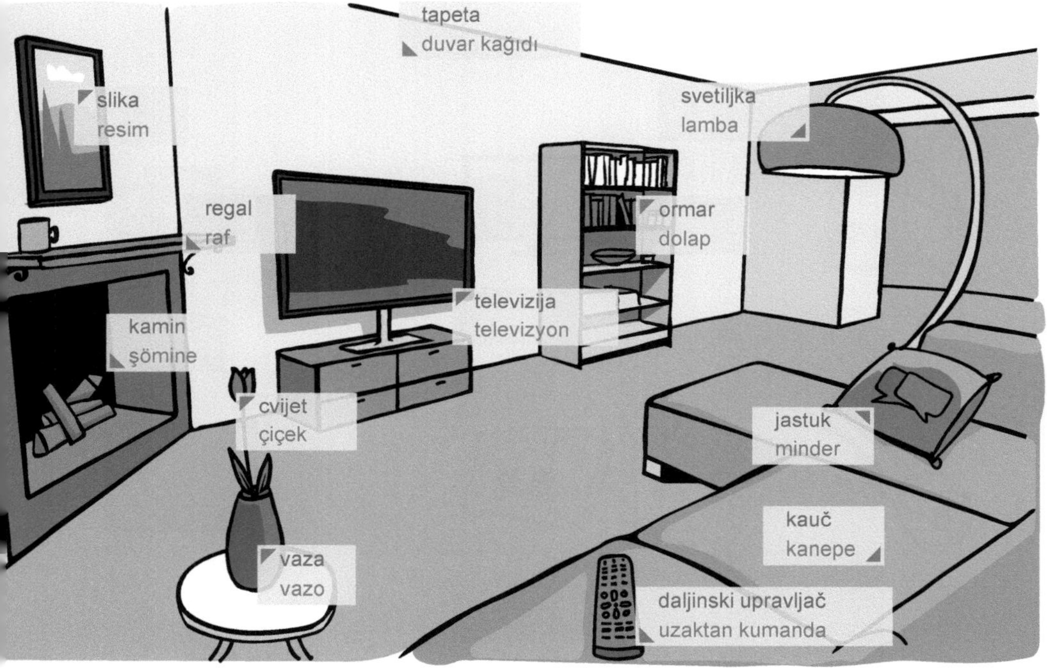

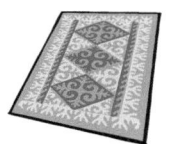

tepih

halı

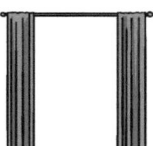

zavesa

perde

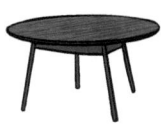

sto

masa

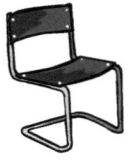

stolica

sandalye

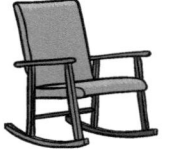

stolica za njihanje

salıncaklı koltuk

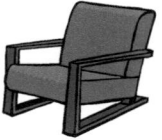

fotelja

koltuk

knjiga
kitap

deka
battaniye

dekoracija
dekor

drvo za ogrev
odun

film
film

hi-fi uređaj
hi-fi

ključ
anahtar

novine
gazete

slika na platnu
tablo

poster
poster

radio
radyo

blok za pisanje
defter

usisivač
elektrikli süpürge

kaktus
kaktüs

sveća
mum

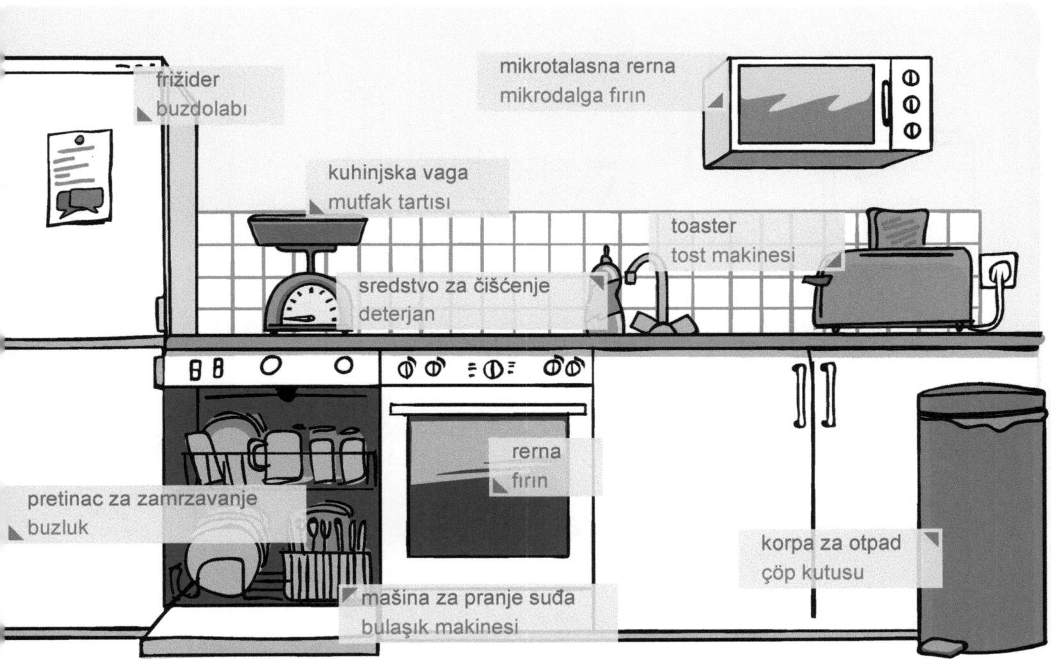

frižider
buzdolabı

mikrotalasna rerna
mikrodalga fırın

kuhinjska vaga
mutfak tartısı

toaster
tost makinesi

sredstvo za čišćenje
deterjan

rerna
fırın

pretinac za zamrzavanje
buzluk

korpa za otpad
çöp kutusu

mašina za pranje suđa
bulaşık makinesi

šporet
ocak

lonac
tencere

gvozdeni lonac
döküm tencere

wok / kadai
wok

tava
tava

kuvalo za vodu
su ısıtıcı

kuvalo na paru

buharlı pişirici

lim za pečenje

pişirme tepsisi

posuđe

tabak takımı

čaša

kupa

posuda

kase

štapići za jelo

çubuk (çin yemeği)

kutlača

kepçe

lopatica

spatula

penjača

çırpma teli

sito za kuvanje

süzgeç

sito

elek

ribež

rende

mužar

havan

roštilj

barbekü

ognjište

açık ateş

daska

kesme tahtası

oklagija

merdane

vadičep

tirbüşon

konzerva

konserve kutusu

otvarač konzervi

konserve açacağı

krpa za lonac

fırın eldiveni

sudoper

evye

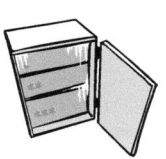

četka

fırça

sunđer

sünger

mikser

blender

zamrzivač

derin dondurucu

flašica za bebe

biberon

slavina za vodu

musluk

kuhinja - mutfak

kupaonica

banyo

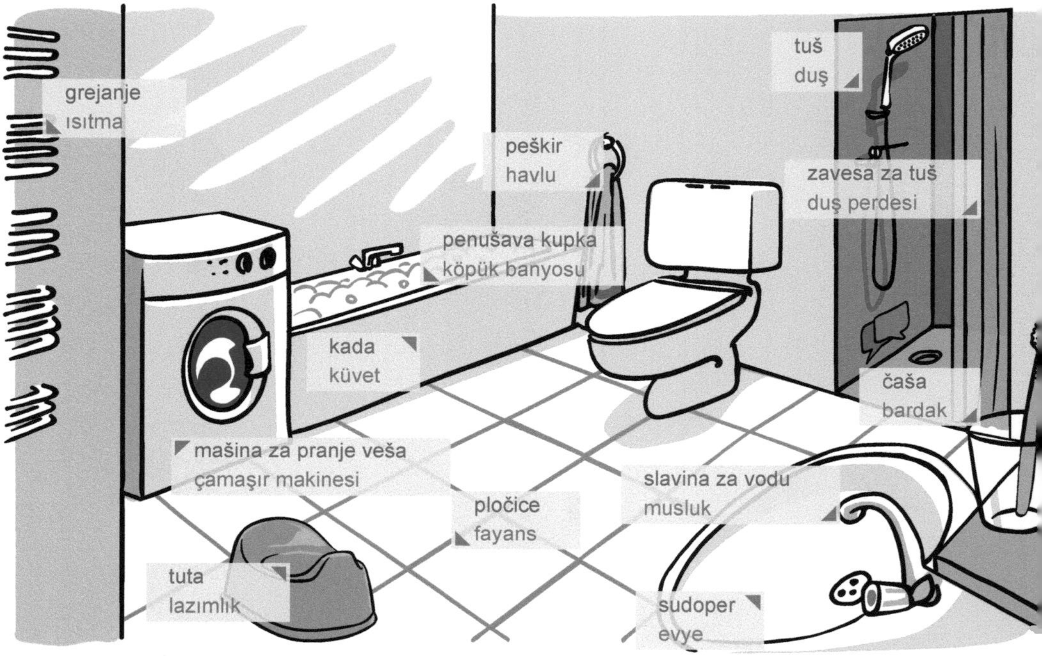

tuš
duş
grejanje
ısıtma
peškir
havlu
zavesa za tuš
duş perdesi
penušava kupka
köpük banyosu
kada
küvet
čaša
bardak
mašina za pranje veša
çamaşır makinesi
slavina za vodu
musluk
pločice
fayans
tuta
lazımlık
sudoper
evye

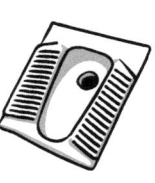

toalet

tuvalet

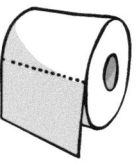

čučavac

alaturka tuvalet

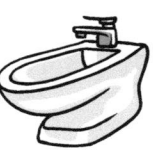

bidet

bide

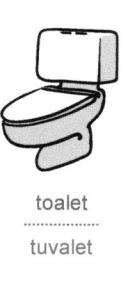

pisoar

pisuvar

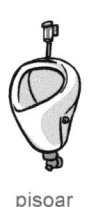

toaletni papir

tuvalet kağıdı

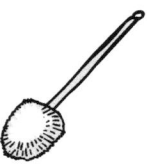

četka za toalet

tuvalet fırçası

četkica za zube

diş fırçası

pasta za zube

diş macunu

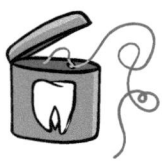

konac za zube

diş ipi

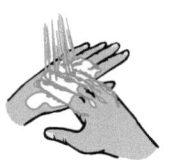

prati

yıkamak

tuš ručica

duş başlığı

tuš za pranje intimnih delova

duş başlığı şeklinde taharet musluğu

lavor

küvet

četka za pranje leđa

banyo fırçası

sapun

sabun

gel za tuširanje

duş jeli

šampon

şampuan

krpa za pranje

banyo lifi

odvod

gider

krema

krem

dezodorans

deodorant

kupaonica - banyo

ogledalo

ayna

kozmetičko ogledalo

el aynası

brijač

jilet

pena za brijanje

tıraş köpüğü

losion za posle brijanja

tıraş losyonu

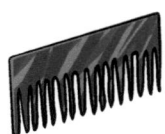

češalj

tarak

četka

fırça

fen za kosu

saç kurutma makinesi

sprej za kosu

saç spreyi

makeup

makyaj

ruž za usne

ruj

lak za nokte

tırnak cilası

vata

pamuk

makaze za nokte

tırnak makası

parfem

parfüm

kozmetička torbica

makyaj çantası

stolica

tabure

vaga

tartı

ogrtač

bornoz

rukavice za čišćenje

lastik eldiven

tampon

tampon

uložak

kadın pedi

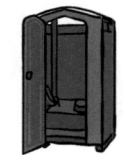

hemijski toalet

kimyevi tuvalet

dečija soba
çocuk odası

budilnik
çalar saat
plišana igračka
peluş oyuncak
auto igračka
oyuncak araba
zvečka
çıngırak
kućica za lutke
bebek evi
poklon
hediye

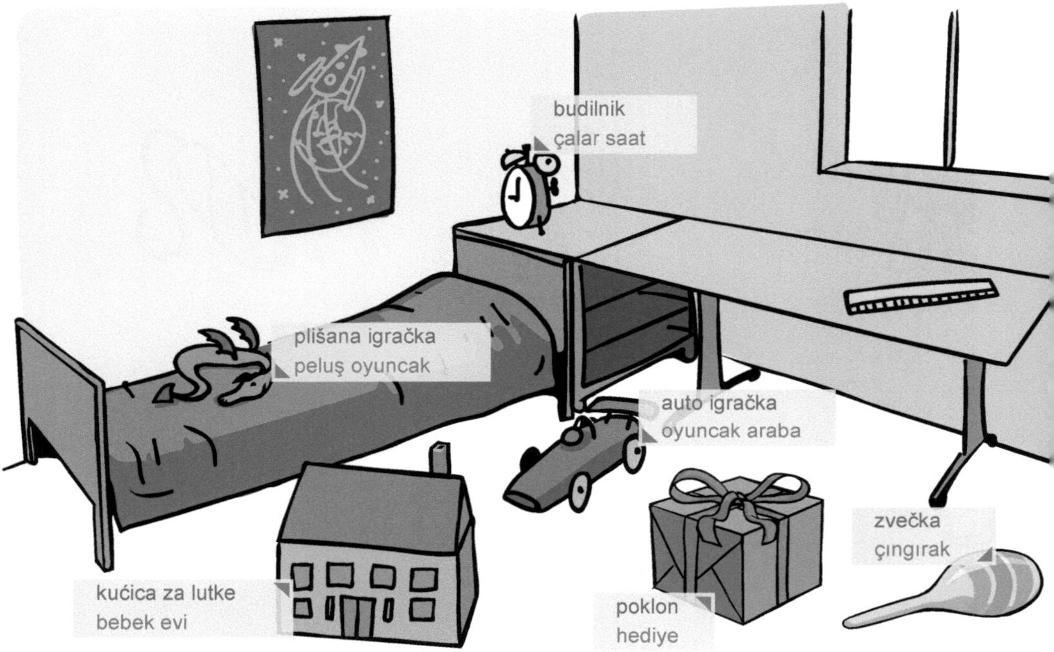

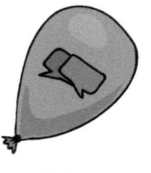

balon

balon

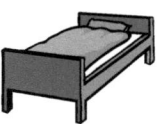

krevet

yatak

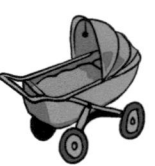

dječija kolica

bebek arabası

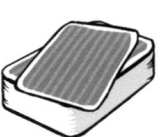

igra s kartama

kart destesi

slagalica

yapboz

SUPER MEGA

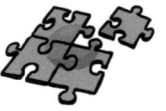

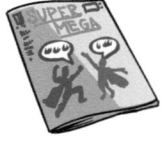

strip

çizgi roman

lego kockice

lego tuğlaları

kockice za slaganje

lego blokları

akcioni junak

aksiyon figürü

benkica za bebe

zıbın

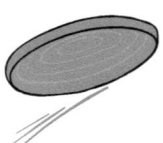

frizbi

frizbi

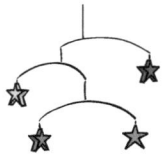

viseće igračke

dönence

društvene igre

masa oyunu

kocka

zar

minijaturna željeznica

model tren seti

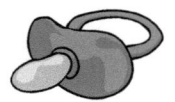

duda

emzik

zabava

parti

slikovnica

resimli kitap

lopta

top

lutka

oyuncak bebek

igrati

oynamak

pješčanik
kum havuzu

ljuljačka
salıncak

igračka
oyuncaklar

konzola za igre
video oyun konsolu

tricikl
üç tekerlekli bisiklet

tedi
oyuncak ayı

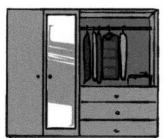

ormar
gardırop

odeća
kıyafet

kratke čarape
çorap

čarape
külotlu çorap

hulahopke
tayt

šal
eşarp

kišobran
şemsiye

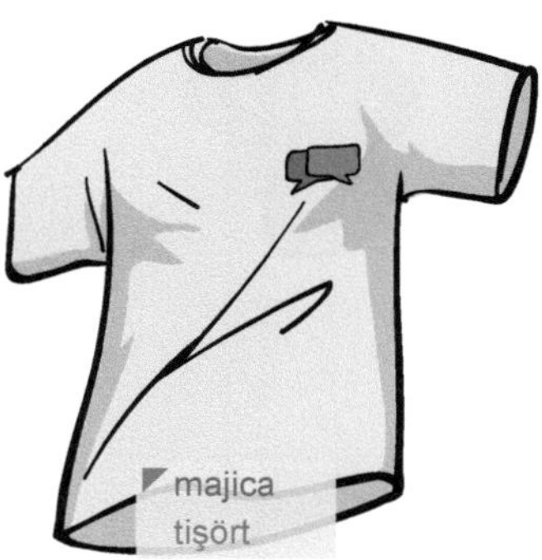

majica
tişört

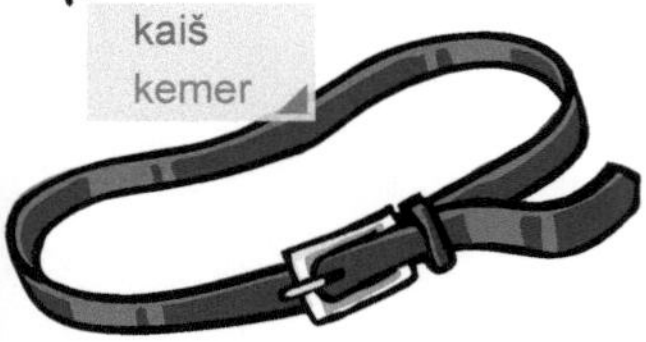

kaiš
kemer

čizme
bot

papuče
terlik

patike
spor ayakkabı

sandale
sandalet

cipele
ayakkabı

gumene čizme
lastik çizme

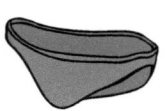

gaćice
külot

grudnjak
sütyen

potkošulja
yelek

odeća - kıyafet

bodi

dar bluz

pantalone

pantolon

farmerke

kot pantolon

suknja

etek

bluza

bluz

košulja

gömlek

džemper

kazak

džemper s kapuljačom

süveter

sako

blazer

jakna

ceket

kaput

mont

kabanica

yağmurluk

kostim

kostüm

haljina

elbise

venčanica

gelinlik

odelo

takım elbise

spavaćica

gecelik

pidžama

pijama

sari

sari

marama za glavu

baş örtüsü

turban

türban

burka

burka

kaftan

kaftan

abaja

çarşaf

kupaći kostim

mayo

kupaće gaćice

erkek mayosu

kratke pantalone

şort

odeća za trening

eşofman

kecelja

önlük

rukavice

eldiven

dugme

düğme

naočare

gözlük

narukvica

bilezik

ogrlica

kolye

prsten

yüzük

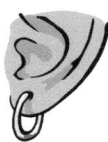

naušnica

küpe

kapa

kep

vešalica

portmanto

šešir

şapka

kravata

kravat

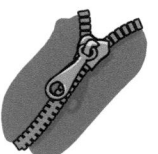

patent zatvarač

fermuar

kaciga

kask

naramenice

pantolon askısı

školska uniforma

okul forması

uniforma

üniforma

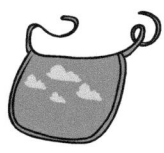

podbradak

mama önlüğü

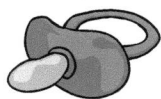

duda

emzik

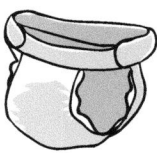

pelena

bebek bezi

kancelarija
ofis

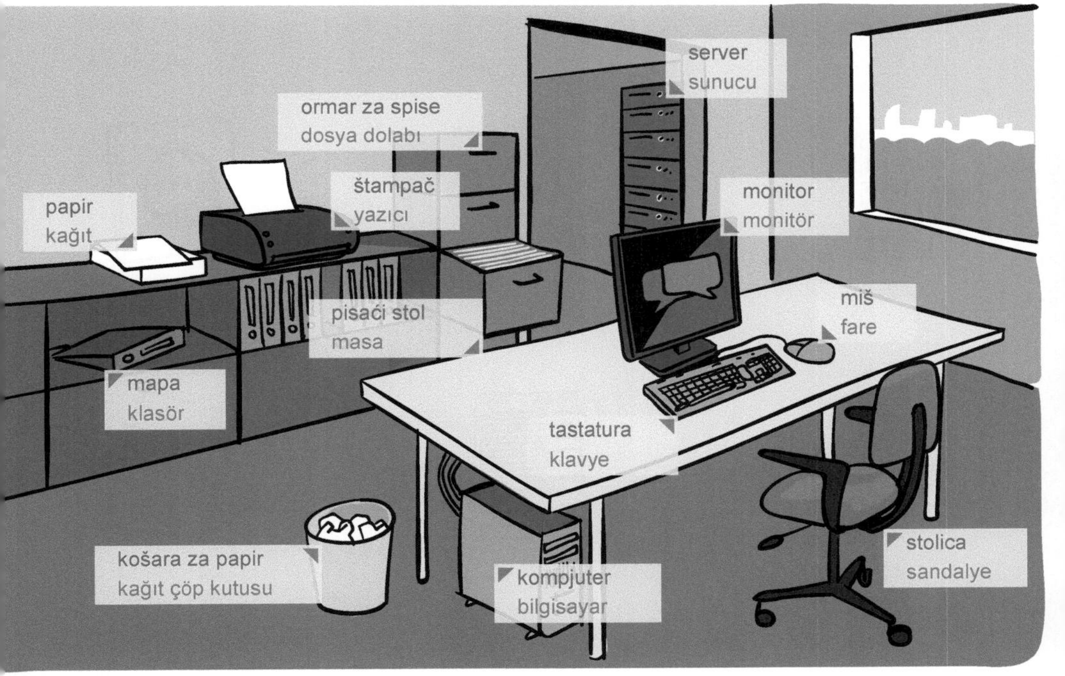

server
sunucu
ormar za spise
dosya dolabı
štampač
yazıcı
papir
kağıt
monitor
monitör
miš
fare
pisaći stol
masa
mapa
klasör
tastatura
klavye
košara za papir
kağıt çöp kutusu
kompjuter
bilgisayar
stolica
sandalye

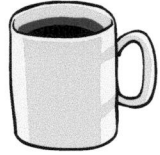

šalica za kavu

kahve fincanı

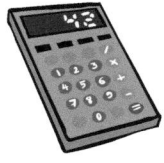

kalkulator

hesap makinesi

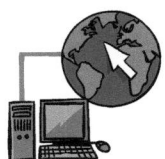

internet

internet

laptop

dizüstü

pismo

mektup

poruka

mesaj

mobilni telefon

cep telefonu

mreža

ağ

uređaj za kopiranje

fotokopi makinesi

softver

yazılım

telefon

telefon

utičnica

priz

faks

faks makinesi

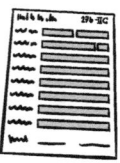

formular

form

dokument

belge

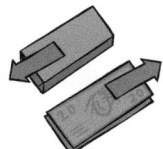

kupovati

satın almak

platiti

ödemek

trgovati

ticaret yapmak

novac

para

USD

dolar

dolar

EUR

evro

avro

JPY

jen

yen

RUB

rublja

ruble

CHF

švajcarski franak

İsviçre frangı

CNY

renmindbi juan

Çin yuanı

INR

rupija

rupi

automat za novac

kasa

menjačnica

döviz bürosu

zlato

altın

srebro

gümüş

nafta

petrol

energija

enerji

cena

fiyat

ugovor

kontrat

porez

vergi

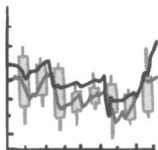

deonica

menkul değer

raditi

çalışmak

službenik

işveren

poslodavac

işçi

fabrika

fabrika

prodavnica

mağaza

ekonomija - ekonomi

policajac
polis memuru

vatrogasac
itfaiyeci

kuvar
aşçı

lekar
doktor

pilot
pilot

vrtlar
bahçıvan

stolar
marangoz

krojačica
terzi

sudija
hakim

hemičar
kimyager

glumac
aktör

vozač autobusa

otobüs şoförü

vozač taksija

taksi şoförü

ribar

balıkçı

čistačica

temizlikçi

krovopokrivač

çatı ustası

konobar

garson

lovac

avcı

slikar

boyacı

pekar

fırıncı

električar

elektrikçi

građevinski radnik

inşaatçı

inženjer

mühendis

mesar

kasap

limar

muslukçu

poštar

postacı

zanimanja - meslekler

vojnik

asker

arhitekta

mimar

blagajnik

kasiyer

cvećar

çiçekçi

frizer

kuaför

kondukter

kondüktör

mehaničar

tamirci

kapetan

kaptan

zubar

dişçi

naučnik

bilim insanı

rabi

haham

imam

imam

monah

keşiş

svećenik

rahip

alati
aletler

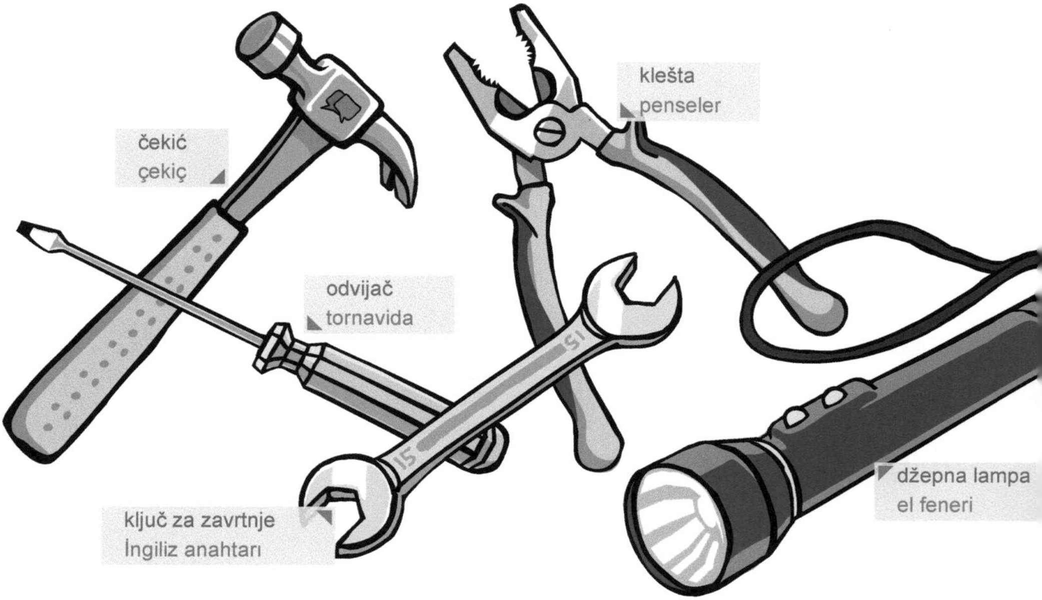

klešta
penseler
čekić
çekiç
odvijač
tornavida
džepna lampa
el feneri
ključ za zavrtnje
İngiliz anahtarı

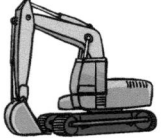

bager

kazı makinesi

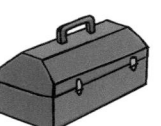

kutija za alat

alet çantası

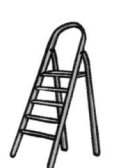

merdevine

merdiven

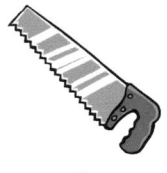

pila

testere

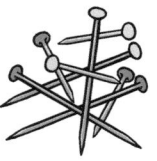

ekser

çiviler

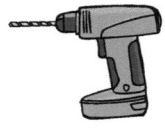

bušilica

matkap

popraviti

tamir etmek

lopata

kürek

do đavola!

Kahretsin!

lopatica

faraş

lonac za boju

boya tenekesi

zavrtanji

vidalar

muzički instrument
müzik enstrümanı

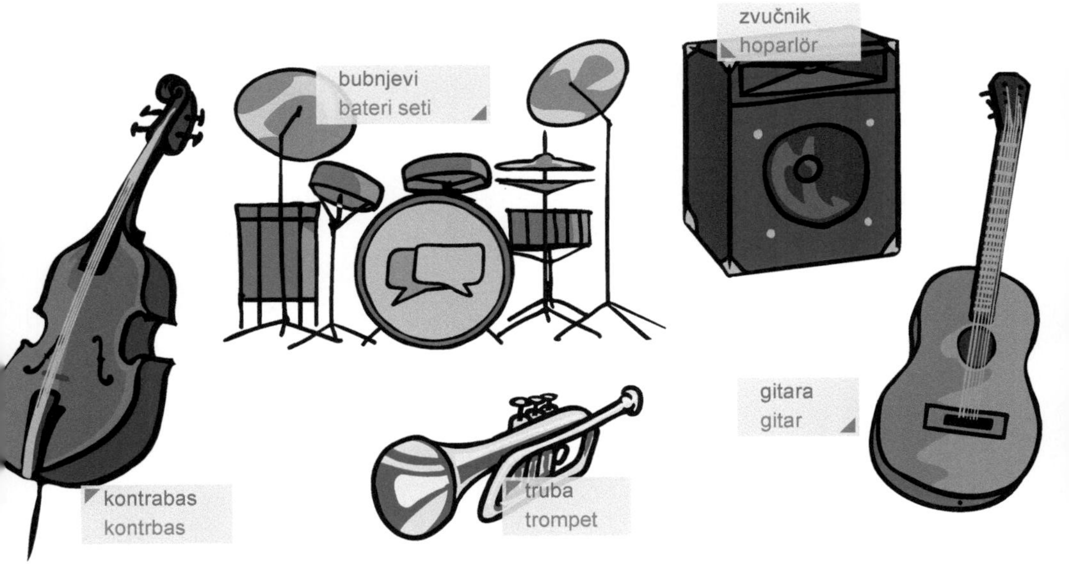

zvučnik
hoparlör

bubnjevi
bateri seti

gitara
gitar

kontrabas
kontrbas

truba
trompet

klavir

piyano

violina

keman

bas

basgitar

timpani

timpani

udaraljke za bubnjeve

bateri

tipke klavira

klavye

saksofon

saksafon

flauta

flüt

mikrofon

mikrofon

zoološki vrt
hayvanat bahçesi

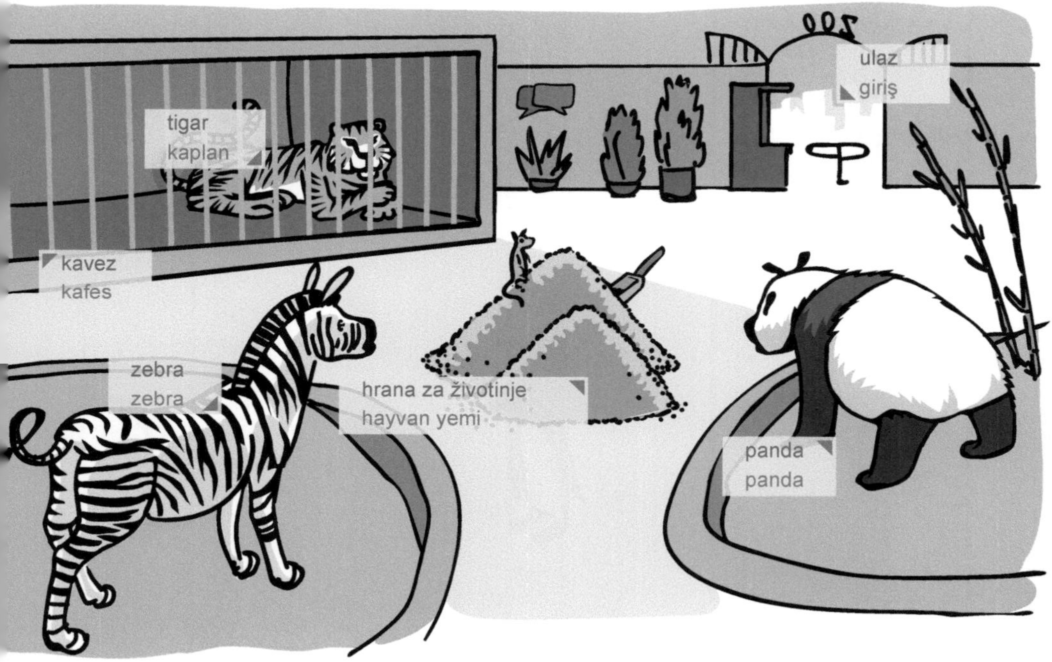

tigar
kaplan
ulaz
giriş
kavez
kafes
zebra
zebra
hrana za životinje
hayvan yemi
panda
panda

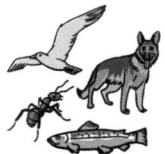

životinje
hayvanlar

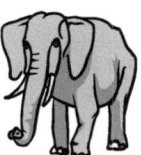

slon
fil

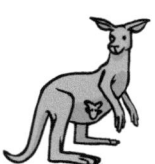

kengur
kanguru

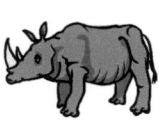

nosorog
gergedan

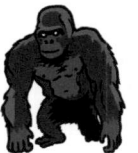

gorila
goril

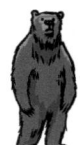

medved
ayı

kamila

deve

noj

deve kuşu

lav

aslan

majmun

maymun

flamingo

flamingo

papagaj

papağan

polarni medved

kutup ayısı

pingvin

penguen

ajkula

köpek balığı

paun

tavus kuşu

zmija

yılan

krokodil

timsah

čuvar u zoološkom vrtu

hayvanat bahçesi görevlisi

tuljan

fok

jaguar

jaguar

poni

midilli atı

leopard

leopar

nilski konj

su aygırı

žirafa

zürafa

orao

kartal

divlja svinja

yaban domuzu

riba

balık

kornjača

kaplumbağa

morž

mors

lisica

tilki

gazela

ceylan

američki nogomet
amerikan futbolu

biciklizam
bisiklete binme

tenis
tenis

košarka
basketbol

plivanje
yüzme

boks
boks

hokej na ledu
buz hokeyi

fudbal
futbol

badminton
badminton

atletika
atletizm

rukomet
hentbol

skijanje
kayak

polo
polo

aktivnosti
etkinlikler

smejati se
gülmek
skočiti
atlamak
zagrliti
sarılmak
ići
yürümek
pevati
söylemek
sanjati
hayal etmek
moliti se
dua etmek
poljubiti
öpmek

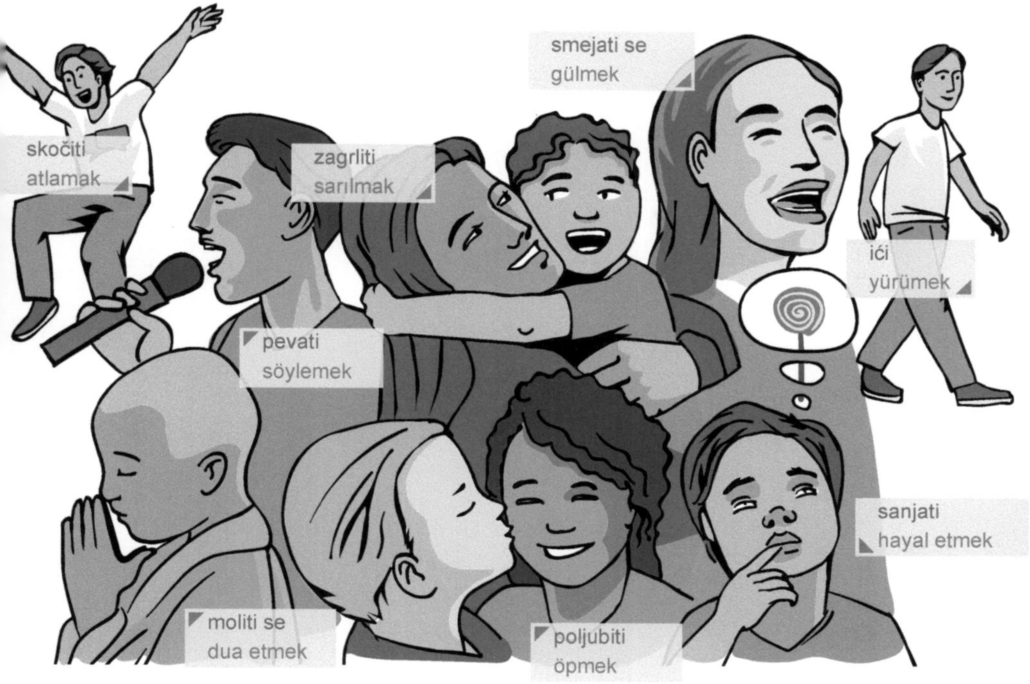

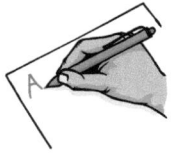

pisati

yazmak

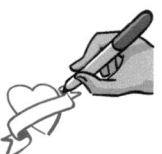

crtati

çizmek

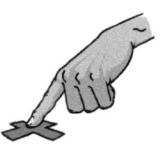

pokazati

göstermek

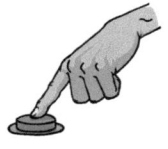

gurati

itmek

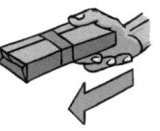

dati

vermek

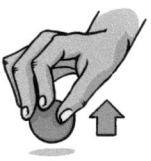

uzeti

almak

imati

sahip olmak

činiti

yapmak

biti

olmak

stojati

ayakta durmak

trčati

koşmak

povlačiti

çekmek

baciti

atmak

padati

düşmek

ležati

yalan söylemek

čekati

beklemek

nositi

taşımak

sediti

oturmak

oblačiti

giyinmek

spavati

uyumak

probuditi se

uyanmak

gledati

bakmak

plakati

ağlamak

milovati

vurmak

češljati

taramak

govoriti

konuşmak

razumeti

anlamak

pitati

sormak

slušati

dinlemek

piti

içmek

jesti

yemek

pospremiti

düzenlemek

voleti

sevmek

kuhati

pişirmek

voziti

sürmek

leteti

uçmak

ploviti

denize açılmak

računati

hesapla

čitati

okumak

učiti

öğrenmek

raditi

çalışmak

venčati se

evlenmek

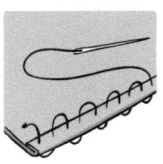

šiti

dikmek

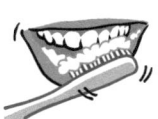

prati zube

diş fırçalamak

ubiti

öldürmek

pušiti

sigara içmek

poslati

yollamak

porodica
aile

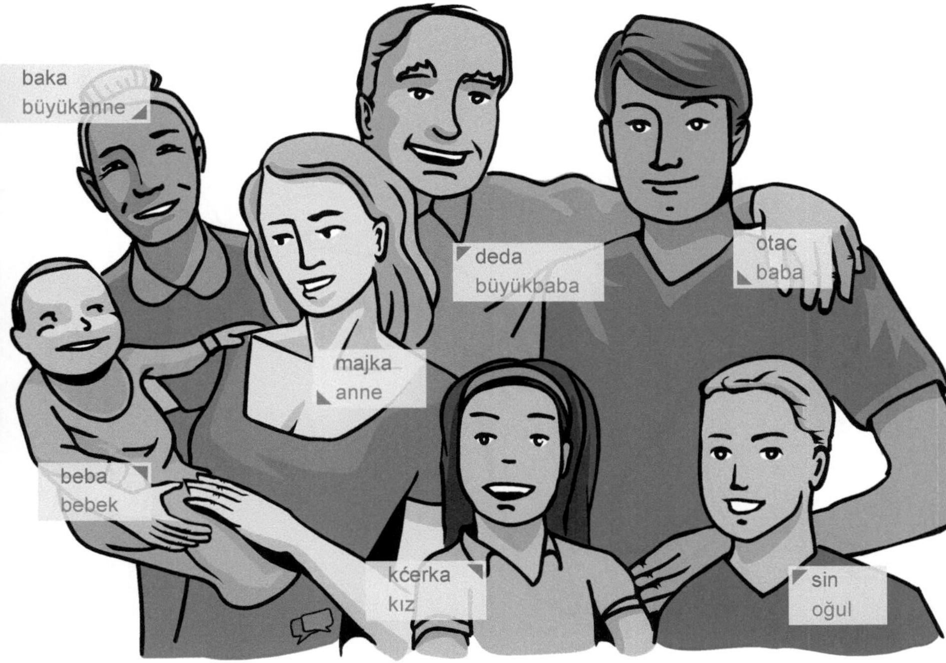

baka
büyükanne
deda
büyükbaba
otac
baba
majka
anne
beba
bebek
kćerka
kız
sin
oğul

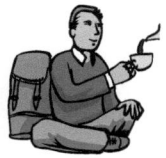

gost

misafir

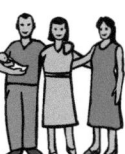

tetka

teyze

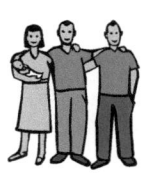

ujak, stric

amca

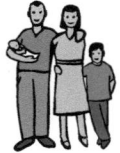

brat

erkek kardeş

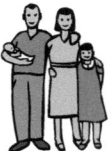

sestra

kız kardeş

telo
vücut

čelo
alın
oko
göz
lice
yüz
brada
çene
grudi
göğüs
prst
parmak
ruka
el
ruka
kol
rame
omuz
noga
bacak

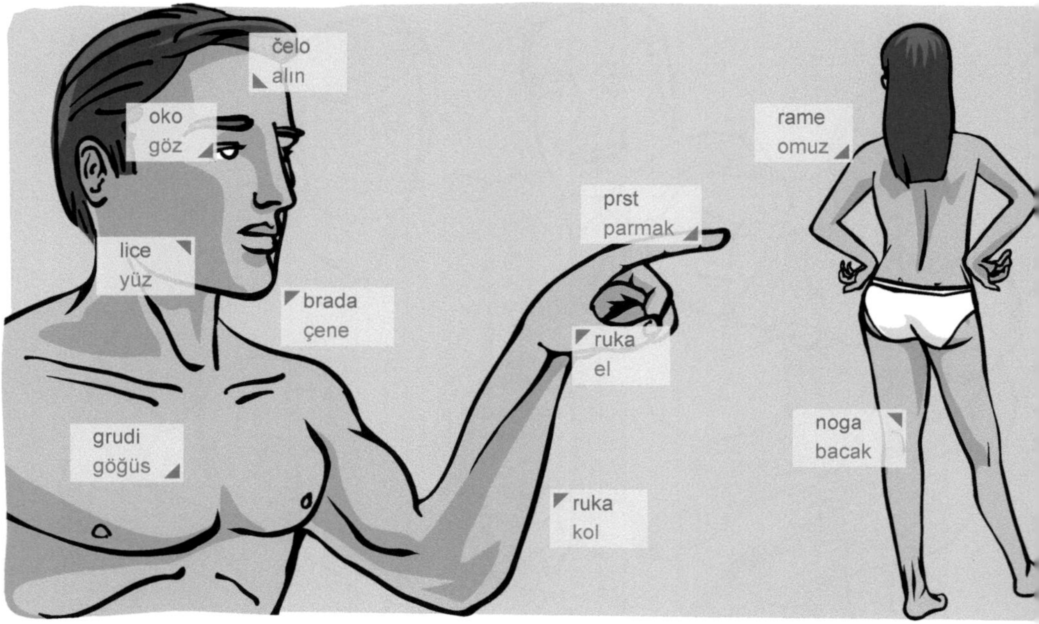

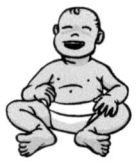

beba
bebek

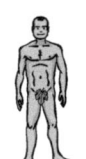

muškarac
adam

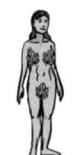

žena
kadın

devojčica
kız

dečak
erkek çocuk

glava
baş

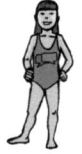

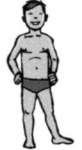

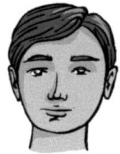

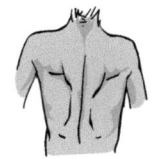

leđa
sırt

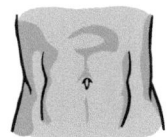

stomak
karın

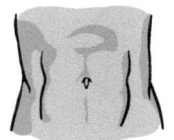

pupak
göbek

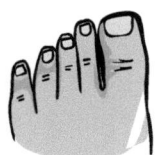

nožni prst
ayak parmağı

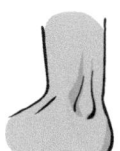

peta
topuk

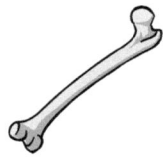

kost
kemik

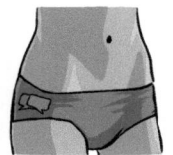

kukovi
kalça

koleno
diz

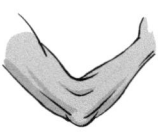

lakat
dirsek

nos
burun

zadnjica
kalça

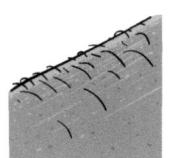

koža
deri

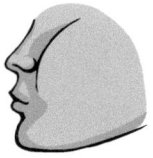

obraz
yanak

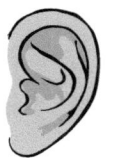

uvo
kulak

usna
dudak

usta
ağız

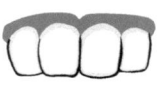

zub
diş

jezik
dil

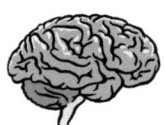

mozak
beyin

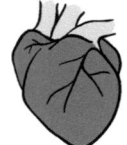

srce
kalp

mišić
kas

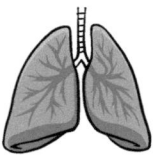

pluća
akciğer

jetra
karaciğer

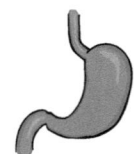

želudac
mide

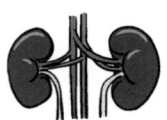

bubrezi
böbrekler

polni odnos
seks

kondom
prezervatif

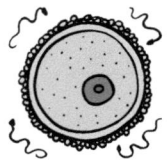

jajna ćelija
yumurtalık

sperma
sperm

trudnoća
hamilelik

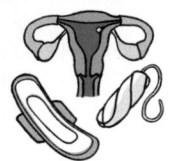

menstruacija

regl

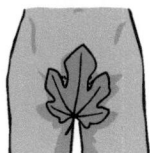

vagina

vajina

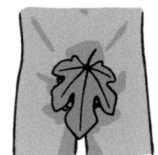

penis

penis

obrva

kaş

kosa

saç

vrat

boyun

bolnica
hastane

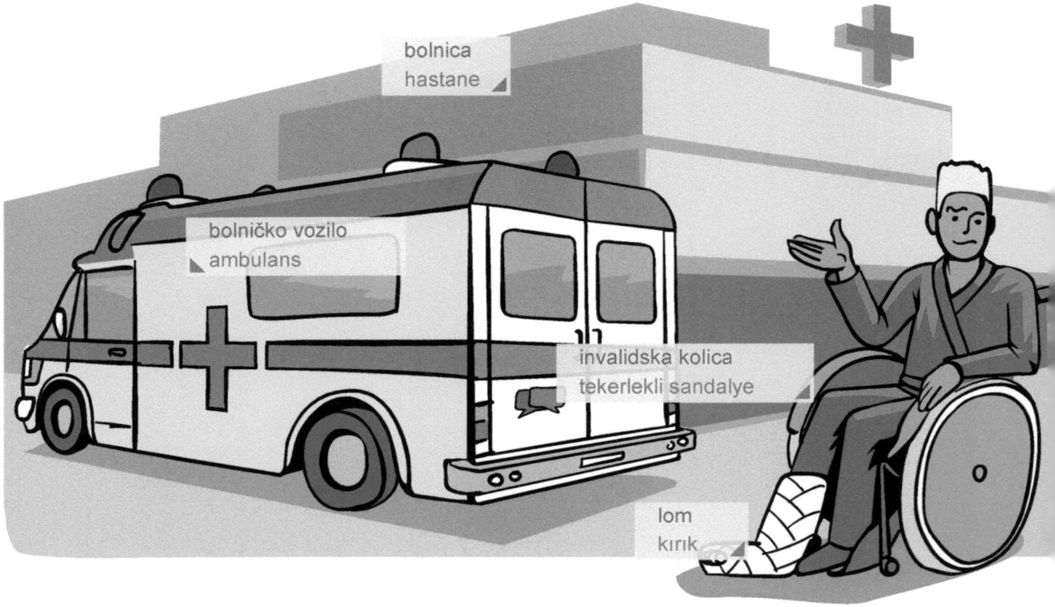

bolnica
hastane
bolničko vozilo
ambulans
invalidska kolica
tekerlekli sandalye
lom
kırık

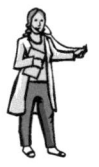

lekar

doktor

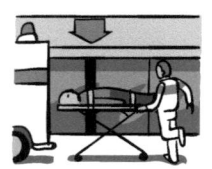

hitna medicinska služba

acil servis

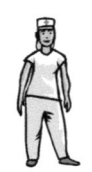

medicinska sestra

hemşire

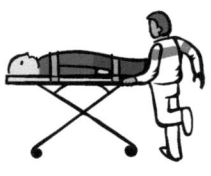

hitni slučaj

acil

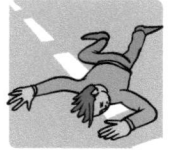

nesvest

baygın

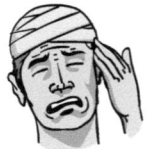

bol

acı

povreda

yaralanma

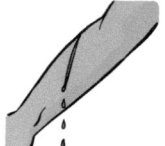

krvarenje

kanama

srčani udar

kalp krizi

udar

felç

alergija

alerji

kašalj

öksürük

groznica

ateş

gripa

grip

proliv

ishal

glavobolja

baş ağrısı

rak

kanser

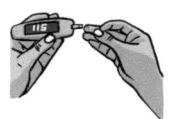

dijabetes

şeker hastalığı

hirurg

cerrah

skalpel

neşter

operacija

operasyon

bolnica - hastane

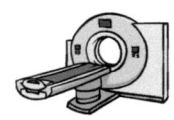

ct
bilgisayarlı tomografi

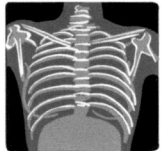

rentgen
röntgen

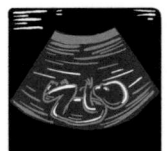

ultrazvuk
ultrason

maska
yüz maskesi

bolest
hastalık

čekaona
bekleme odası

štaka
koltuk değneği

flaster
yara bandı

zavoj
bandaj

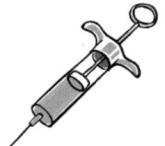

injekcija
enjeksiyon

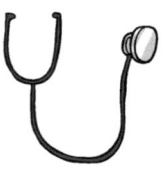

stetoskop
steteskop

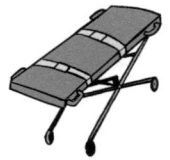

nosila
sedye

termometar
tıbbi termometre

rođenje
doğum

prekomerna težina
fazla kilo

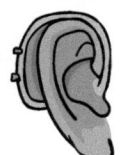

slušni aparat

işitme cihazı

sredstvo za dezinfekciju

dezenfektan

infekcija

enfeksiyon

virus

virüs

HIV / AIDS

HIV / AIDS

medicina

ilaç

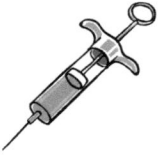

vakcinacija

aşı

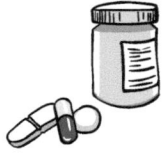

tablete

tablet

pilula

hap

hitni poziv

acil çağrı

uređaj za merenje pritiska

tansiyon aleti

bolesno / zdravo

hasta / sağlıklı

pomoć!
İmdat!

alarm
alarm

nasrtaj
darp

napad
saldırı

opasnost
tehlike

izlaz u slučaju nužde
acil çıkış

požar!
Yangın!

protivpožarni aparat
yangın tüpü

nezgoda
kaza

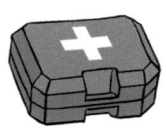

kutija prve pomoći
ilk yardım çantası

sos
imdat

policija
polis

Evropa

Avrupa

Severna Amerika

Kuzey Amerika

Južna Amerika

Güney amerika

Afrika

Afrika

Azija

Asya

Australija

Avustralya

Atlantik

Atlantik

Pacifik

Pasifik

Indijski okean

Hint Okyanusu

Antarktički okean

Antarktika Okyanusu

Arktički ocean

Arktik Okyanusu

Severni pol

Kuzey Kutbu

Južni pol
·················
Güney Kutbu

Antarktik
·················
Antarktika

zemlja
·················
dünya

zemlja
·················
kara

more
·················
deniz

otok
·················
ada

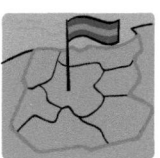

nacija
·················
ulus

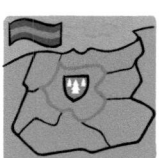

država
·················
ülke

brojčanik sata

kadran

satna kazaljka

akrep

minutna kazaljka

yelkovan

sekundna kazaljka

saniye ibresi

Koliko je sati?

Saat kaç?

dan

gün

vreme

zaman

sada

şimdi

digitalni sat

dijital saat

minuta

dakika

čas

saat

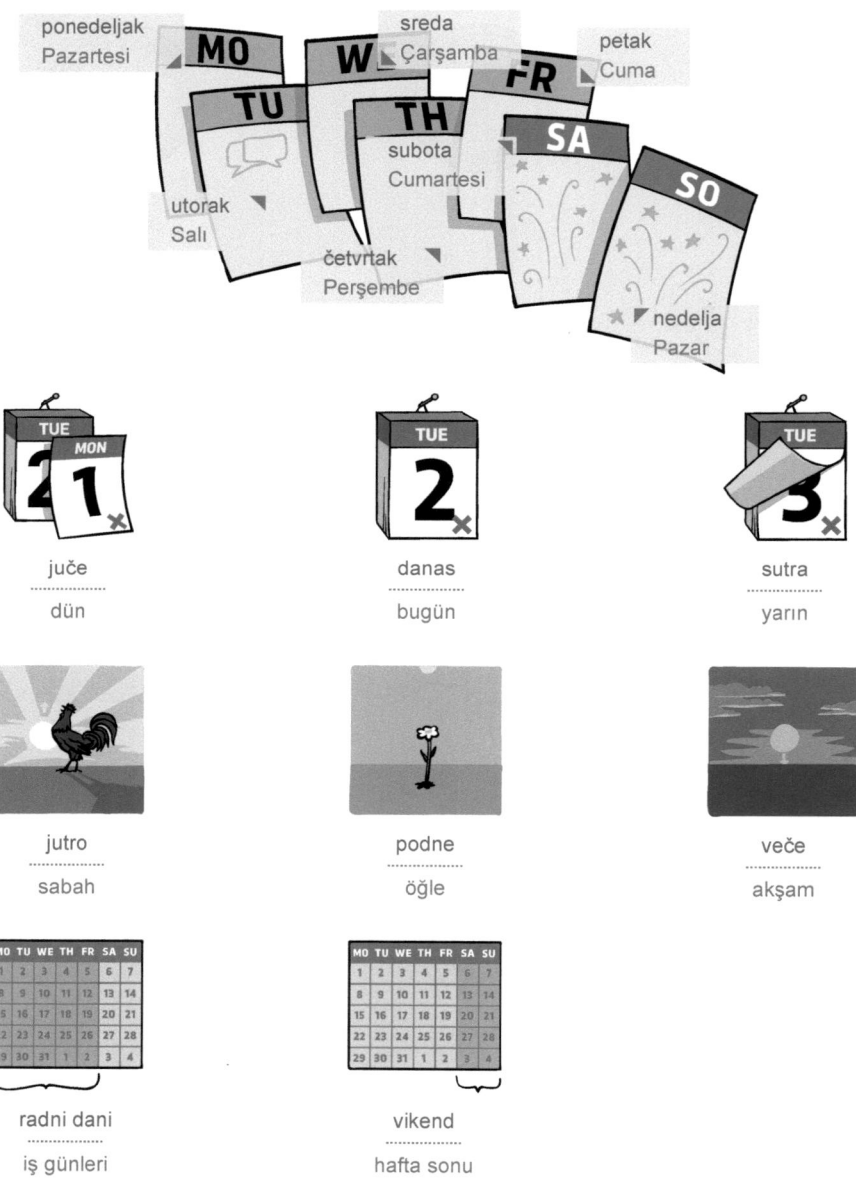

ponedeljak
Pazartesi

MO

sreda
Çarşamba

petak
Cuma

TU

W

FR

TH

SA

subota
Cumartesi

SO

utorak
Salı

četvrtak
Perşembe

nedelja
Pazar

juče
dün

danas
bugün

sutra
yarın

jutro
sabah

podne
öğle

veče
akşam

radni dani
iş günleri

vikend
hafta sonu

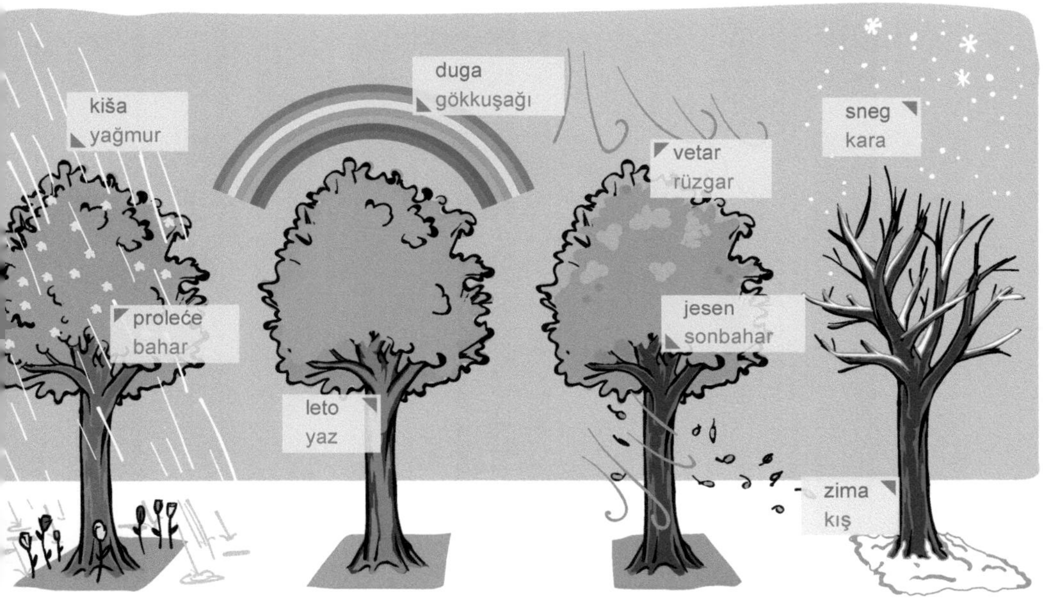

kiša
yağmur
duga
gökkuşağı
sneg
kara
vetar
rüzgar
proleće
bahar
jesen
sonbahar
leto
yaz
zima
kış

4.APRIL 11°
5.APRIL 4°
6.APRIL 13°
7.APRIL 8°
8.APRIL 10°

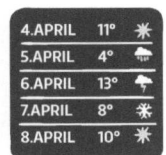

meteorološka prognoza

hava durumu tahmini

F C
120 40
90 30
60 20
30 10
0 0
-30 -10
-20

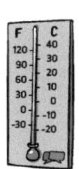

termometar

termometre

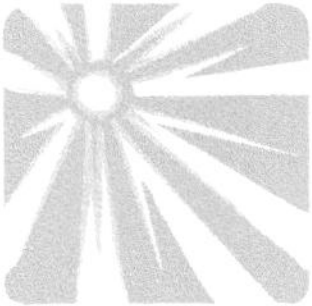

sunčana svetlost

güneş ışığı

oblak

bulut

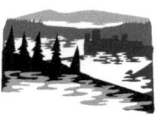

magla

sis

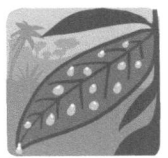

vlažnost vazduha

nem

munja

şimşek

grmljavina

gök gürültüsü

oluja

fırtına

tuča

dolu

monsun

muson

poplava

sel

led

buz

januar

Ocak

februar

Şubat

mart

Mart

april

Nisan

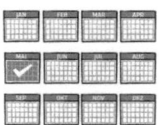

maj

Mayıs

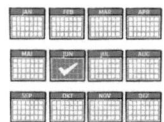

juni

Haziran

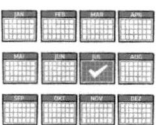

juli

Temmuz

avgust

Ağustos

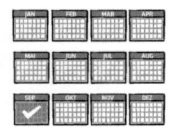

septembar
·················
Eylül

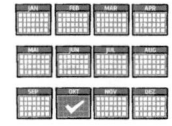

oktobar
·················
Ekim

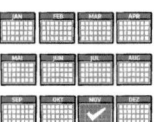

novembar
·················
Kasım

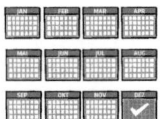

decembar
·················
Aralık

oblici
şekiller

krug
·················
daire

kvadrat
·················
kare

pravougao
·················
dikdörtgen

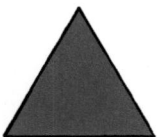

trougao
·················
üçgen

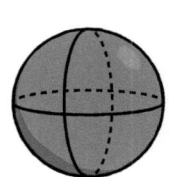

kugla
·················
küre

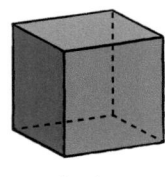

kocka
·················
küp

bela
....
beyaz

žuta
....
sarı

narandžasta
....
turuncu

ružičasta
....
pembe

crvena
....
kırmızı

ljubičasta
....
mor

plava
....
mavi

zelena
....
yeşil

smeđa
....
kahverengi

siva
....
gri

crna
....
siyah

mnogo / malo

çok / az

ljutito / mirno

kızgın / sakin

lepo / ružno

güzel / çirkin

početak / kraj

başlangıç / son

veliko / maleno

büyük / küçük

svetlo / tamno

parlak / karanlık

brat / sestra

rkek kardeş / kız kardeş

čisto / prljavo

temiz / kirli

potpuno / nepotpuno

tamam / eksik

dan / noć

gün / gece

mrtvo / živo

ölü / canlı

široko / usko

geniş / dar

jestivo / nejestivo

yenilebilir / yenilemez

zlo / dobro

kötü / iyi

uzbuđeno / dosadno

heyecanlı / sıkılmış

debelo / mršavo

şişman / zayıf

na početku / na kraju

ilk / son

prijatelj / neprijatelj

dost / düşman

puno / prazno

dolu / boş

tvrdo / mekano

sert / yumuşak

teško / lagano

ağır / hafif

glad / žeđ

açlık / susuzluk

bolesno / zdravo

hasta / sağlıklı

ilegalno / legalno

yasa dışı / yasal

pametno / glupo

zeki / aptal

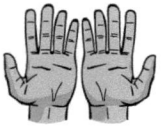

levo / desno

sol / sağ

blizu / daleko

yakın / uzak

novo / polovno

yeni / kullanılmış

ništa / nešto

hiçbir şey / bir şey

staro / mlado

yaşlı / genç

uključeno / isključeno

açma / kapama

otvoreno / zatvoreno

açık / kapalı

tiho / glasno

sessiz / gürültülü

bogato / siromašno

zengin / fakir

tačno / pogrešno

doğru / yanlış

hrapavo / glatko

pürüzlü / düz

tužno / sretno

üzgün / mutlu

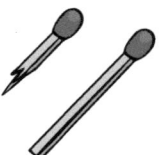

kratko / dugo

kısa / uzun

polako / brzo

yavaş / hızlı

mokro / suho

ıslak / kuru

toplo / hladno

sıcak / serin

rat / mir

savaş / barış

0

nula

sıfır

1

jedan

bir

2

dva

iki

3

tri

üç

4

četiri

dört

5

pet

beş

6

šest

altı

7

sedam

yedi

8

osam

sekiz

9

devet

dokuz

10

deset

on

11

jedanaest

on bir

12

dvanaest

on iki

13

trinaest

on üç

14

četrnaest

on dört

15

petnaest

on beş

16

šestnaest

on altı

17

sedamnaest

on yedi

18

osamnaest

on sekiz

19

devetnaest

on dokuz

20

dvadeset

yirmi

100

stotinu

yüz

1.000

hiljadu

bin

1.000.000

milion

milyon

engleski

İngilizce

američki engleski

Amerikan İngilizcesi

mandarinski kineski

Çince (Mandarin)

hindski

Hintçe

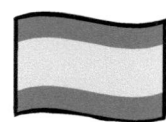

španski

İspanyolca

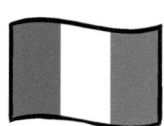

francuski

Fransızca

arapski

Arapça

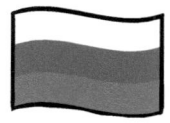

ruski

Rusça

portugalski

Portekizce

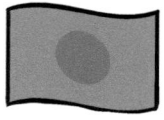

bengalski

Bengalce

nemački

Almanca

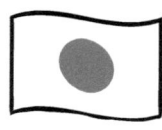

japanski

Japonca

ja
ben

ti
sen

on / ona / ono
o

mi
biz

vi
siz

oni
onlar

Ko?
kim?

Šta?
ne?

Kako?
nasıl?

Gde?
nerede?

Kada?
ne zaman?

ime
isim

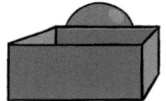

iza

arkasında

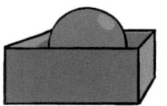

u

içinde

ispred

önünde

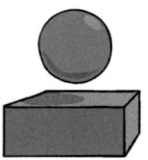

preko

üzerinde

na

üstünde

ispod

altında

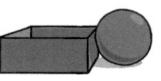

pored

yanında

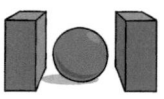

između

arasında

mesto

yer